LE JOURNALISME DES PASSIONS,

OU

COURS PUBLIC ET QUOTIDIEN

D'ATHÉISME

POLITIQUE, MORAL ET RELIGIEUX.

SIMPLE ESQUISSE,

SUIVIE DE QUELQUES MOTS SUR LE RÉGIME POPULAIRE,

ET D'UN

Memento de 1793;

PAR M.-P. DE VILLARS,

EX-SUPPLÉANT DE JUGE DE PAIX A CLERMONT-FERRAND, ET ANCIEN
RÉDACTEUR DU JOURNAL DU PUY-DE-DÔME.

N'importe, je serai cette voix qui se perd
Dans la solitude profonde
Et le silence du désert,
Sans qu'aucune voix lui réponde.

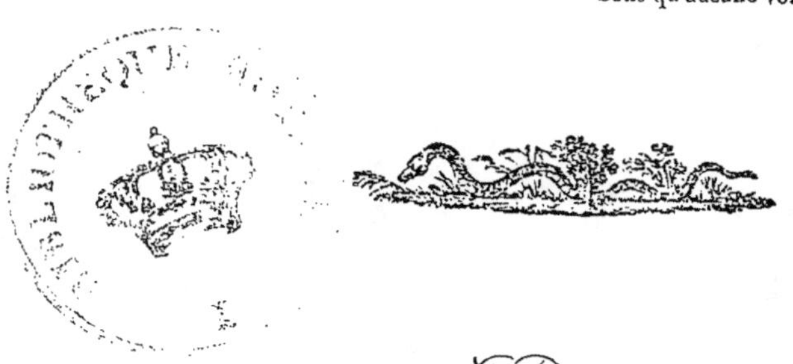

Paris,

DURFART, LIBRAIRE, RUE DU BAC, N° 73.
—
1833.

Lottin de Saint-Germain, Imprimeur,
rue de Nazareth , n°. 1.

JOURNALISME DES PASSIONS.

Vous avez corrompu tous les dons précieux
Que pour un autre usage ont mis en vous les Dieux.
Courage, adresse, esprit, grace, fierté sublime ,
Tout dans votre ame aveugle est l'instrument du crime.

VOLTAIRE.

Que des hommes à combinaisons monstrueuses ,
des théoristes de désordre et de dépravation ou de
vils folliculaires , gens qui vivent des tourmentes et
des misères publiques , aient exclu la morale de leurs
doctrines comme de leurs actes , rien de si simple
à concevoir, la morale est la politique des consciences ; mais , que des écrivains qui paraissaient
voués à la défense de ce principe conservateur ,
qui voyaient en lui le repos des peuples , la ga-
rantie des institutions sociales , la base certaine
des trônes et des empires , aient pu se décider
à le sacrifier à la logique subversive du siècle ,
c'est ce qu'il est difficile d'expliquer. Car , laisser
tomber la morale dans l'oubli , la bannir de toute
discussion politique, lui refuser tout hommage public , toute influence sur nos destinées , toute
intervention dans le cours des choses humaines ,
c'est assurément se rendre complice de l'espèce
d'ostracisme qui la relègue parmi les rêveries du

vieux tems : honteuse et lâche défection dont semblerait ressortir cette pensée désolante, qu'il y a
plus d'ardeur et de persévérance dans le crime que
dans la vertu.... Néanmoins, toute ligne qui ne part
pas de la morale comme d'un centre de justice et de
vérité, n'aboutissant qu'aux abîmes, il est permis
de croire que ce siècle lui-même, tout orgueilleux
qu'il est, se verra forcé de revenir sur un arrêt dont
les suites, déjà si funestes à notre repos, déposent
victorieusement contre l'infaillibilité de ses lumières.

En effet, l'homme, une fois sorti du cercle que
lui ont tracé de concert, la morale et la civilisation,
n'est autre chose dans la société que le cannibale qui
erre sombre et farouche dans les solitudes de l'Inde
ou du nouveau Monde, cherchant partout l'horrible
pâture dont il est affamé ; c'est un corps privé de
toute faculté généreuse, une machine grossière et
malfaisante qui n'agit que par le seul rouage de la
vie et dont chaque mouvement devient funeste à ce
qui l'approche. Entendez-vous ces malédictions,
ces blasphèmes, ces cris de rage et de désespoir (1)?

C'est un peuple malheureux dont on a corrompu
la morale et la foi avec un art diabolique ; tel est le
désordre de ses idées, le débordement de ses passions, que, devenu l'effroi de la société et l'artisan
de ses propres maux, il ne sait plus où il en est ni
à qui s'en prendre.

J'ai vu des séditions en province ; mais là, où le
peuple ne sait que faire de la sotte couronne dont

____

(1) Les soulèvemens populaires de Paris.

on l'a ridiculement affublé; là, où il ne respire pas avec volupté les émanations d'un journalisme cadavéreux, où de vils tréteaux ne lui présentent pas incessamment l'apothéose du crime et l'horrible spectacle de la dissolution où ses passions ne sont pas continuellement irritées par les libelles et les caricatures de la malveillance, les livres et les images de la débauche, les hymnes du délire et les chansons de la folie; là enfin, où les sciences et les arts ne se disputent pas à l'envi le perfectionnement de sa dégradation, là du moins, il restait quelque chose de l'homme moral qui n'allait pas jusqu'à la férocité; mais celui qui n'a pas vu les révoltes de la capitale, ne se représentera jamais ce peuple vampire et aboyant, ces nuées épaisses d'êtres éperdus débouchant de je ne sais où, ressemblant à je ne sais quoi, qui, sans se connaître, se rallient néanmoins par le seul instinct de la frénésie, pour se ruer de compagnie sur d'autres êtres qu'ils ne connaissent pas non plus, mais que le même instinct leur dit être bons à massacrer ou à dépouiller.

Et voilà, hommes consciencieux et réfléchis, ce que quelques écrivains sans foi comme sans patrie, osent honorer du nom de peuple à l'exclusion des citoyens honnêtes dont ils méconnaissent les droits et dédaignent les vertus! voilà dans toute sa dignité le souverain qu'ils proclament, qu'ils circonviennent de leurs basses flatteries pour en faire l'instrument docile de leurs passions!

Enfin, dans ce siècle de dépravations, le bien et le mal sont en guerre pour la possession du monde;

vouloir rapprocher des adversaires d'une nature si opposée, c'est vouloir l'impossible. Mais s'il entre dans les combinaisons de la sagesse infinie de soumettre la constance du bien à des épreuves passagères, il est aussi dans l'ordre de la justice éternelle, que ce noble athlète ne se laisse pas abattre par ses disgraces, et qu'il soit au contraire toujours en haleine, toujours prêt à repousser son ignoble ennemi; car le bien puise sa force dans son origine et son courage dans ses espérances, tandis que le mal, monstre conçu dans les ténèbres, n'a d'autre support que l'enfer, d'autre perspective que la malédiction des siècles. Ainsi, guerre jurée au berceau du monde, guerre à jamais entre le crime et la vertu, telle est, dans l'ordre immuable des choses, la triste et rigoureuse nécessité imposée au genre humain...

Et quand cette lutte éternelle de deux partis qui ne souffrent pas de neutralité et dans l'un desquels il faut absolument se ranger et combattre, est aujourd'hui dans notre malheureux pays plus animée qu'elle ne le fut jamais chez aucun autre peuple, quand l'ennemi commun s'y redresse altier et menaçant au milieu de toutes les passions qu'il a soulevées et ralliées à sa cause ; que dis-je? quand, suivi de cet affreux cortége, il marche déjà vers l'abîme, en chassant devant lui nos mœurs, nos croyances, nos institutions, pourquoi, dans le juste effroi de mon ame, n'appellerais-je pas aussi la sollicitude de mes concitoyens sur ces élémens d'une imminente et fatale conflagration?

La nature ne m'aurait-elle donné un cœur droit,

le courage et la franchise du sentiment, que pour rester muet devant les méchans, spectateur oisif de l'avilissement et de la ruine de mon pays! Je ne suis, il est vrai, qu'un inconnu, que les vagues du malheur ont poussé dans cette vaste cité comme sur une plage déserte, qu'un écrivain obscur, sans influence et sans support. Mais la vérité, de quelle source qu'elle découle, en quels termes qu'elle s'exprime, a bien aussi son éloquence, et la simplicité du cœur n'est pas toujours sans force et sans attrait, quoique sa logique ne soit que la conviction et la bonne foi. Et quand même le sarcasme de l'orgueil ou le sourire de la pitié serait le seul prix réservé à mes faibles efforts, quand même cette noble France, à laquelle j'ai voué jusqu'à l'oubli de mes peines, ne recueillerait aucun fruit de mon dévoûment, ne trouverais-je pas une assez douce compensation du sacrifice de mon amour-propre, dans le double assentiment de ma conscience et des gens de bien!

Oh oui ! c'en est assez pour que je cède sans prévoyance et sans calcul à l'impulsion qui m'est donnée; car après tout, j'ai payé du sang de ma jeunesse le droit de me présenter devant tout ennemi de ma patrie, et j'use de ce droit, dont rien n'a pu me dépouiller, avec la piété gratuite et résignée d'un fils, qui n'a jamais été l'objet des prédilections maternelles et a toujours vécu de ses sueurs, au milieu du domaine commun que se partageaient les intrigans et les ambitieux. Remplissons donc notre tâche, sans que la moindre considération puisse affaiblir le langage de la vérité ; car, quoique je ne veuille de cette liberté, que tant d'autres exploitent à leur gré, que ce que les lois m'en accordent, il est permis de croire qu'il y a, par le tems qui court, quelque abnégation de soi-même, à s'élever contre les ennemis de la chose publique, quand ces ennemis, à l'aide de l'impunité qu'ils ont usurpée et des viles alliances qu'ils ont faites, ont atteint ce degré de puissance brutale, contre laquelle il n'y a ni lois, ni liberté, ni civilisation à invoquer.

Mais qu'on ne prenne pas ceci pour l'épanchement, d'une humeur morose, pour des regrets donnés à un ordre de choses qui n'est plus. Mes regrets, ils sont tous sans partage pour cette pauvre France que je vois à la merci d'une génération fougueuse, impatiente de tout frein, avide de bouleversement ; ils sont tous pour ce saint héritage de morale et de foi chrétiennes, qu'un cynisme étranger au remords et dédaigneux de logique voudrait nous ravir. Eh ! que m'importe d'ailleurs, d'être calomnié dans mes pensées les plus pures par ceux qui se font un calcul de la calomnie ! N'ai-je pas pour moi tout ce qui reste silencieux et indigné au milieu des apostasies du siècle et des bacchanales de la liberté !

Car moi aussi, tout passionné que je suis pour la gloire et la prospérité de mon pays, je ne vois qu'un monstre dans cette liberté qui est venue réclamer nos hommages, hurlant la guerre, le pillage et la dévastation dans les rues, ignoble et odieuse idole, devant laquelle il n'appartient qu'à des passions stupides de fléchir le genou, en attendant qu'elles puissent l'inaugurer sur les débris sanglans du dernier trône.

Et cependant, chose qui effraie l'imagination, ce sont des hommes civilisés, des hommes que leur position sociale distingue du vulgaire, des écrivains doués d'intelligence et de raisonnement qui, se proclamant les apôtres de ce nouveau culte, osent nous dire, à nous qui avons la mesure de leur hypocrisie, à nous témoins et victimes de tant d'infamies et de déceptions : « Prosternez-vous devant la seule divi-« nité qui soit digne de vos adorations. Vos rois, « vos législateurs, vos prêtres s'étaient entendus pour « vous forger des chaînes, notre mission à nous est de « les briser. Voici l'ère de votre émancipation mo-« rale et politique ; nourrissez-vous de nos dogmes ; « puisés dans le code de la nature, ils sont en har-« monie avec vos mœurs, vos besoins, vos lumières, « le reste n'était que mensonge et folie. Le pacte « social, c'est la liberté ; le droit, c'est le bonheur ; « l'éternité, c'est la vie ; car après nous, tout est con-« sommé pour le crime comme pour la vertu ».

Y a-t-il donc, dans ce siècle malheureux, tant de gloire à s'en prendre aux plus saintes institutions, à se mettre en état de révolte contre les vérités les plus salutaires ? Eh ! quels sont donc ces hommes qui, par amour pour l'humanité, veulent étouffer dans le cœur des peuples le germe de toute morale publique et religieuse, changer le code éternel des consciences, brouiller toute idée raisonnable du juste et de l'injuste, laisser le crime sans frein et la vertu sans espérance ? Oh ! s'il nous était donné d'explorer les replis du cœur humain, combien nous découvririons de turpitudes, d'arrière-pensées dans ces étranges régénérateurs! Là, nous verrions la débauche aux abois rêver sa dernière ressource dans les convulsions de la société; ici, l'ambition déçue tramer ses vengeances; ailleurs, l'orgueil humilié méditer ses nivellemens, partout l'égoïsme, l'hypocrisie, la bassesse, la cupidité se cacher sous le masque de la bonne foi, et peut-être n'apercevrions-nous nulle part, au milieu de tant de misères, le moindre sentiment de patriotisme, la moindre trace de sollicitude pour ce pauvre peuple, dont les intérêts, pour avoir toujours été le prétexte des factieux, n'en ont pas été pour cela mieux soignés par ceux qui, dans les bouleversemens politiques, se sont établis les défenseurs de ses droits et de ses libertés.

Il semblerait que nos écrivains guerroyeurs n'ont concouru dans la révolution de Juillet que pour essayer leurs forces; maintenant qu'ils prétendent les connaître, les voilà qui espadonnent en insensés dans la carrière de la forfanterie, menaçant et outrageant les rois, renversant l'ouvrage des siècles, se disant les champions des peuples, les flambeaux du monde, les arbitres et les dispensateurs exclusifs du mérite et des renommées.

Serions-nous possédés d'un tel esprit de vertige, que le délire, l'audace et l'hypocrisie soient désormais pour nous le sceau de la raison et de la bonne foi, que quelques jongleurs, spéculant sur notre démence, puissent nous inoculer à leur gré la corruption qui les dévore ! O ma patrie ! repousse cette odieuse hypothèse qui t'avilirait au yeux des nations. Eh ! qui pourrait se glorifier du nom français , si, riche comme tu l'es d'expérience et de souvenirs, tu te laissais surprendre aux funestes conseils qui t'ont déjà coûté tant de sang et de larmes ! Tu le vois, ce sont toujours les mêmes hommes, les mêmes théories , les mêmes piéges qui circonviennent ta confiance : réclame ta gloire, revêts-toi de ta majesté , et prends enfin l'attitude sévère qui seule peut imposer aux éternels ennemis de ton repos.

L'état de choses le plus déplorable dans une société bien ordonnée, est celui où le crime, marchant la tête haute, et ne se donnant même pas la peine de se déguiser, s'attache à poursuivre, à outrager la vertu partout où il la rencontre, à verser sur elle l'amertume du mépris , le dégoût du ridicule, comme s'il voulait la forcer de rougir d'elle-même et de rendre hommage à sa difformité. Si l'on remonte à ces jours mauvais, où il fut permis à la faiblesse humaine de désespérer de la justice éternelle , il sera facile de se convaincre que c'est dans l'horrible système de diffamation créé par les Danton , les Marat , les Hébert et autres maîtres de cette espèce, que nos modernes Thercytes ont puisé toutes leurs espérances de subversion ; car ils n'ignorent pas , ces hommes consommés dans la science et le pouvoir du mensonge, que les laves brûlantes du Vésuve produisent des effets moins rapides, moins funestes que les poisons subtils qui découlent de la calomnie. Diffamer pour avilir , avilir pour détruire , détruire pour s'élever soi-même sur la ruine publique, tel était le grand art des artisans de la terreur, telle est encore la tactique exploitée de nos jours par les apologistes de révolutions. Aussi, rien n'est à l'abri de leurs attaques, rien de ce qui est bon, honnête et généreux ne peut échapper à leur malveillance passionnée ; et c'est toujours, toujours au nom de cette étrange liberté qu'ils invoquent, comme certains peuples sauvages invoquent le génie du mal, qu'ils poursuivent le grand œuvre de l'asservissement de la vertu et de la dégradation du genre humain.

S'il se fut trouvé, dans la plupart des écrivains de 1830, autant d'amour de la patrie que de haine pour le gouvernement qu'ils ont renversé, cette haine, une fois satisfaite, se serait reposée sur ses lauriers. Aux chants de triomphe auraient succédé des hymnes de concorde et de paix ; la morale, l'ordre et la liberté se seraient donné la main pour ne former qu'un seul groupe touchant au milieu de nous, et les mêmes hommes, qui se bouffisent aujourd'hui d'avoir conquis le sentiment de leur force, auraient annobli cette conquête par le sacrifice qu'ils en auraient fait au repos et à la prospérité de leur pays. Mais ce premier essai d'une puissance improvisée, n'ayant satisfait en eux qu'une seule passion, les autres en sont devenues plus exigeantes, plus hargneuses. Et le moyen de maîtriser ses passions, quand on est soi-même leur complice et leur esclave !

Ainsi, quoique l'on publie avec exaltation son brûlant amour pour la patrie, il reste sous-entendu que cet amour, purement sentimental, ne doit exiger aucun sacrifice gênant ; réserve tacite, en vertu de laquelle le plus mince calcul d'intérêt, le moindre mouvement d'orgueil ou de ressentiment l'emportent sans effort sur ce plaisant patriotisme qui n'est en effet qu'un argot de convention entre gens du métier, qu'un piége grossièrement tendu sur le chemin des aveugles.

Entrez dans un de ces bazars (1) de la capitale où toutes les industries d'un journalisme spéculateur semblent se disputer les brevets de célébrité, en étalant sans pudeur, tout le luxe, toutes les nouveautés, toutes les nuances de sa politique de fraude et de corruption : Voulez-vous vous repaître de mensonges, de sophismes, de chimères, d'absurdités? Préférez-vous le scandale, le blasphème, le sarcasme, la diffamation ? Vous plaît-il de savoir comment on verse le mépris, le ridicule, le dégoût sur les prééminences sociales, les magistrats, le sacerdoce, le mérite et la vertu ; comment on sème le soupçon, les faux bruits, les fausses alarmes, pour recueillir le désordre, les séditions, le pillage, les vengeances, la guerre civile et tous les malheurs qu'elle traîne après elle? Enfin, vous faut-il une idée de la tactique qui résiste à l'action des lois, porte l'incertitude et la gêne dans la marche du gouvernement, l'irritation et le malaise dans la société, prélude à la ruine des empires, et refoule les nations dans la barbarie? Initiez-vous à l'iniquité, choisissez, tout est là !

Trafic infame ! Mais que faire ? Le peuple roi

____

(1) Cabinets littéraires, salons de lecture, cafés, tabagies, etc.

rafole de tout cela, les chiffonniers s'en nourrissent sur les bornes ; et après tout, ne faut-il pas vivre, sacrifier quelque chose à la fortune, ne serait-ce que sa conscience et son pays ?... Eh! messieurs les Folliculaires, ne vous gênez pas, criez vive l'anarchie, honneur au crime, honte à la morale ; vendez-nous votre marchandise pour ce qu'elle est, vous aurez du moins le mérite de la franchise ; au lieu de vous cacher derrière de fausses vertus pour rire à votre aise de la niaiserie de vos lecteurs !

Dans la lutte sanglante de Juillet, Paris s'est vu tapissé de journaux qui stimulaient le courage du peuple et applaudissaient à la gloire des barricades ; mais depuis, dans cette hideuse succession de complots et de révoltes dont la capitale est devenue le théâtre. Mais, lors du blocus de la Chambre des Pairs, de la dévastation de Saint-Germain-l'Auxerrois, et du sac de l'Archevêché ; mais dans ces orgies républicaines où d'odieux hommages étaient adressés à la mémoire de Robespierre et de Marat, en même tems que des toasts de mort étaient portés au Roi des Français ; et quand, sur d'absurdes soupçons d'empoisonnemens, de malheureux citoyens payaient de leur vie les ravages du choléra, et par dessus tout, quand le sang français coulait à grands flots, dans les journées parricides de Juin, comment se fait-il qu'il ne se soit pas trouvé une seule feuille de ce qu'on appelle modestement l'opposition qui, prenant en pitié les angoisses de la société, se soit élevée contre ces débordemens populaires ? C'eut été faire preuve d'un véritable amour du bien public ; mais ceux qui avaient soufflé l'irritation n'avaient ni le droit ni la volonté de l'éteindre ; les démagogues n'exploitent le manuel des phrases héroïques et sentimentales que lorsqu'il faut pousser au désordre ; c'est alors seulement qu'ils savent faire au besoin du roman ou de l'épopée.

Ils avaient exalté le patriotisme, la modération, l'humanité du peuple dans les grandes journées; ils devaient donc lui laisser sa gloire au lieu de l'entraîner incontinent dans des excès contraires. Mais accoutumés à gouverner, à remuer la multitude au gré de leurs passions, que leur importe que la France soit bouleversée, pourvu qu'ils se maintiennent dans l'*honorable* tribunal des halles et des carrefours.

Il est donc impossible de s'y méprendre, ces hommes veulent dominer ou guerroyer. *Si non dominaris, injuriam te accipere existimas* (1). Mais, je le demande à toute conscience, où en serions-nous aujourd'hui, si quelque mauvais génie eût confié le gouvernail à ces pilotes non moins ignorans que fougueux, si cédant à leurs exigences hautaines et menaçantes, ce *juste-milieu* si honni, si outragé par eux, eût pu consentir non seulement à imposer à la France le système de dislocation (2) intérieure qu'ils avaient rêvé pour sa ruine, mais encore à accepter pour elle au dehors le patronage universel des insurrections dont ils revendiquaient

----

(1) *Suet. in Tiber.*

(2) La révocation et le remplacement de tous les titulaires de places et d'emplois dans les administrations, la magistrature, etc.

les dangers? Ainsi poussé d'écueil en écueil, le vaisseau ne serait-il pas déjà submergé ?... Et certes, les faits abondent et se présentent en foule à l'appui de ce raisonnement ; mais un seul suffira pour en démontrer la justesse à tout lecteur impartial et de bonne foi.

Malheureuse dans ses élans de liberté, et n'ayant que son courage à opposer aux nouvelles tempêtes politiques qu'elle venait de soulever, la Pologne poussait vers nous le cri de détresse, demandait bienveillance et secours à cette noble France, dont elle avait partagé la gloire et les disgraces. Mais d'autres nations puissantes nous séparaient de notre ancienne compagne, et menacés nous-mêmes par de noirs orages accumulés sur notre horizon, livrés chez nous aux tourmentes de l'anarchie et aux machinations d'une malveillance infatigable, nous n'avions, nous ne pouvions avoir que des vœux et des regrets à lui donner.

Mais raisonnez avec les passions, quand elles se font un calcul de leur résistance à tout raisonnement! Qui n'a pas lu les manifestes injurieux, les protestations menaçantes, dont les écrivains de l'hostilité ont inondé le pays dans cette circonstance? *La France*, à les entendre, *ne pouvait rester neutre dans une lutte inégale où il allait de sa gloire et de ses plus chères affections. Il fallait nécessairement, ou qu'elle s'avilît par un lâche repos, ou que, s'oubliant elle-même, elle se fît jour au milieu de l'Europe armée pour aller donner la main à la Pologne.*

Or, le gouvernement ne s'arrêtant pas à de vaines

clameurs, et continuant toujours de marcher dans les voies d'une politique réfléchie, nos Tartufes de gloire et de sentiment se sont dit entre eux, tout mystifiés du discrédit où ils sont tombés : « Eh « bien! ne sommes-nous pas toujours le génie créa-« teur de Juillet! Un trône de plus à renverser, « d'autres Polignac à proscrire, qu'est-ce donc « pour nous? Louis-Philippe et ses Ministres sont-« ils plus redoutables que Charles X, sa cour, sa « garde et ses jésuites? Non, nous n'avons rien « perdu de notre puissance. Nous avons scellé du « mépris le serment exigé pour la décoration de « Juillet, et le serment a été repoussé. Nous avons « crié à l'oppression, et quoique nous n'ayons « jamais été plus libres qu'aujourd'hui, il s'est encore « trouvé d'assez bonnes gens pour nous croire, « nous avons sonné l'émeute, appelé la république, « organisé les clubs, tramé les complots, improvisé « les guet-apens, et le parjure a pâli sur son trône. « Allons, que Louis-Philippe dorme sur l'oreiller « de fer, si toutefois il peut dormir! »

Et soudain, ordre à tout républicain, clubiste, pillard d'églises, abatteur de croix, renégats politiques et autres amis, champions ou auxiliaires de la sainte cause de l'indépendance et de l'insurrection, de courir sus au *juste-milieu*, voire même au roi Louis-Philippe, comme ayant de complicité contrarié le peuple dans l'exercice de sa souveraineté, et de plus, pour avoir forfait à l'honneur, au pays, à l'humanité, au progrès des lumières, en refusant de disséminer nos légions, sur toute la surface du globe, pour prêter main-forte à la première bour-

'gade qui aurait voulu se faire une douce liberté sur
le modèle de la nôtre.

Il en est cependant parmi ces enthousiastes hypo-
crites de liberté, et ils voudraient en vain s'en défendre, qui, dans les chaleureuses ambitions de
Juillet, loin de crier *haro* sur ce même prince qu'ils
désignent aujourd'hui à la frénésie de leurs sicaires,
se confondaient en protestations de dévoûment à
sa personne, et mendiaient avec humilité quelque
faveur de sa munificence : ils le proclamaient alors
le plus digne des citoyens, l'excellent père de famille, l'homme essentiel à notre bonheur, qu'il
fallait saluer au milieu des tourmentes de la patrie,
comme le nautonnier salue dans une nuit orageuse
le fanal propice qu'il aperçoit tout à coup sur le ri-
vage.

Et maintenant qu'il soupire sous ses chaînes do-
rées, maintenant qu'il leur a tout abandonné, bonheur, repos, indépendance, doux loisirs de l'hymen
et de la paternité, ils lui demandent encore le sacrifice de ses sermens, la ruine et l'avilissement de la
France : ingrats autant que lâches! ingrats, parce
qu'ils savent bien ce qu'il y a de larmes, de dégoûts,
d'anxiétés, d'insomnies, d'agitations dans ce qu'ils
lui ont donné en échange d'une vie paisible ; lâches,
car vouloir en faire le complice de leurs passions,
l'engager dans des routes ténébreuses où il ne saurait marcher sans leur donner la main, c'est vouloir
le conduire à l'infamie.

Voici à ce sujet un passage extrait des lettres de
Balzac où cet écrivain nous peint, avec autant de

bonhomie que de vérité, la malveillance qui le poursuit. C'est un tableau parfait que je mets volontiers sous les yeux d'un journalisme haineux et persécuteur, pour qu'il y reconnaisse sa difformité, et sous ceux du Roi des Français, qui mieux que personne peut apprécier le mérite et l'à-propos de la citation.

« Qu'importe à mon ennemi, dit Balzac, que l'on
« use envers moi de trahison, qu'on m'assassine,
« qu'on me tue par derrière, pourvu que je meure.
« Il est certain qu'il ne s'est jamais ouï-parler d'une
« hardiesse à se servir de toute sorte de moyens
« pareille à la sienne. Les sophistes n'ont point
« d'argumens captieux, les chicaneurs n'ont point
« de surprise, les bateleurs n'ont point de tours
« de souplesse qu'il n'emploie contre moi. D'une
« proposition véritable il en tire une fausse consé
« quence. Il est toujours mauvais interprète de mes
« bonnes intentions. Il donne à tout ce que je dis
« un sens contraire à celui que j'ai. Il ne se souvient
« pas que dans le Deutéronome, il y a une expresse
« malédiction de Dieu contre ceux qui mettent des
« pierres devant les aveugles, et il ne songe pas
« par conséquent quel compte il aura à rendre à la
« justice divine, pour avoir été cause que ce qui
« était uni est devenu raboteux, pour avoir fait
« d'un chemin un labyrinthe, pour avoir mis des
« piéges de tous côtés pour faire choir les hommes
« de bonne foi ».

Je conçois l'existence et peut-être aussi la nécessité d'une opposition sous un régime constitutionnel, comme je sais qu'une sage liberté honore l'homme en lui donnant le sentiment de son être. Mais, qu'on ne s'y trompe pas, tant que la licence d'écrire sera aussi largement autorisée qu'elle l'est par les lois actuelles, il y aura toujours chez nous une presse de violence et d'exaspération, et par conséquent des tourmentes, des discordes, des inimitiés publiques, parce qu'il y aura toujours des hommes sans frein, sans conscience et sans patrie. Ce n'est pas que des écrivains provocateurs d'é- meutes, des harangueurs de gargotes et de tabagies puissent se défendre d'une *honnête* composition ; car où il y a passion et mauvaise foi, il ne peut y avoir que bassesse et cupidité. Mais, en supposant qu'un gouvernement eût des trésors assez abon- dans, assez de places à sa disposition, ou plutôt assez de faiblesse pour rassasier toutes ces har- pies, que gagnerait-il à ce vil commerce ? Rien, ab- solument rien, si ce n'est la honte d'avoir ouvert une étrange carrière de fortune à tout affamé, qui, en vertu de son droit d'écrire, ne manquerait pas de lui faire une guerre à mort pour l'amener à ca- pituler.

Je ne prétends pas provoquer des mesures acerbes et contraires aux lois en vigueur, mais, seulement, comme il me l'est permis, émettre mon opinion sur un des plus grands fléaux qui puissent affliger la so- ciété ; bien résolu que je suis de me rétracter, même publiquement, quand il me sera suffisamment dé- montré, d'abord, que les excès de la presse, si dés- ordonnés qu'ils soient, *sont moins nuisibles que profitables*, (car la solution du problème est toute là et seulement là ;) ensuite, que le meilleur, le plus juste, le plus loyal, le plus populaire des gouverne-mens peut subsister dans toute sa liberté d'agir pour le bonheur commun, devant une puissance morale non seulement si supérieure à la sienne, mais si fougueuse et si passionnée ; enfin, que nous, français, nous sommes aujourd'hui heureux et libres au milieu de ce débordement épouvantable de *mensonges*, de *calomnies*, de *diffamations*, de *personnalités*, de *scandales*, d'*outrages à la morale publique et religieuse*, de *menaces*, de *résistances*, d'*appels à la force* et à *l'insurrection* qui, comme autant de poisons élaborés dans l'ombre des nuits, attendent à peine le lever du soleil pour aller chaque jour à la face du ciel, et au mépris de toutes les lois divines et humaines, infecter les dernières sources vivantes de l'ordre social.

N'allons donc plus chercher dans les bagnes, peuplés d'êtres grossiers et pervers, la mesure de la dépravation humaine ; nous venons de la signaler au milieu de nous dans tout ce qu'elle a de plus abject et de plus effrayant. Oui, l'écrivain doué de toutes les facultés de l'esprit et de la raison, qui propage sciemment des opinions subversives de tout bien, qui jette par calcul des semences de corruption et de mort au milieu de ses concitoyens, et qui s'applaudit en les voyant fructifier au gré de ses vœux barbares, est bien autrement coupable, bien autrement la honte et l'ennemi de la société, que l'homme brut qui, en commettant un crime isolé, n'a peut-être cédé qu'aux inspirations de la misère et du désespoir.

Mais comment se peut-il qu'étant pour la plupart époux et pères, et tenant sans doute à l'existence par les douces affections de l'âme, ces artisans de malheurs publics ne craignent pas de se voir tôt ou tard enveloppés dans leurs propres trames? L'hydre des révolutions ne dévore-t-elle pas les rois et les démagogues! Nous avons vu la France entière couverte d'un crêpe de mort, les victimes les plus illustres comme les plus obscures tomber sous la hache des bourreaux ou sous le glaive des assassins, les palais et les chaumières disparaître ensemble dans les convulsions de l'ordre social; enfin les destinées du riche et du pauvre, du crime et de la vertu se confondre dans les fers et sur les échafauds.... Et quand nous frémissons au souvenir de ces grandes plaies de la patrie, quand elles saignent encore, le méchant seul resterait impassible à la crainte du présent et de l'avenir! Et il ne reculerait pas, dans sa misérable carrière devant la pensée de laisser après lui un nom chargé d'opprobre et de malédictions! L'insensé! il se débat, il se consume en projets dans cette vie d'un jour, comme s'il avait de longs siècles à parcourir, comme si ces passions viles et fourbes qu'il idolâtre, lors même qu'elles l'abusent, le dégradent et le torturent, devaient le suivre dans l'éternité!

Et vous, hommes de bonne foi, mais trop ardens à la poursuite d'une liberté fantastique dont la nature vous est inconnue, dont rien autour de vous ne vous démontre l'existence possible, ne vous abusez pas vous-même jusqu'à prendre pour un besoin passionné de bonheur cette confiance aveugle qui vous porte à donner tête baissée dans les théories délirantes que vous vendent toujours si cher les charlatans qui exploitent votre crédulité. Cette faiblesse de caractère n'est réellement en vous qu'une maladie morale, qu'une inquiétude vague et indéfinissable, qui ne sait ni sur quoi se fixer, ni comment se satisfaire. Quarante ans de débats et de secousses politiques, nos phases de gloire, de démence et d'adversité, les productions monstrueuses d'une littérature avilie, les opinions d'un journalisme corrupteur, et par dessus tout les fatales doctrines que les Mathans du siècle ont greffées sur *l'arbre du Christ*, ont mis une telle confusion dans vos idées, une telle incertitude dans vos croyances, que devenus étrangers à toute combinaison réfléchie, impatiens de toute stabilité, inhabiles à remplir le vide de vos jours, vous ne rêvez plus que changemens et catastrophes, comme si vous ne pouviez trouver que là le remède applicable au mal secret qui vous tourmente. Aussi, pour atteindre ce fantôme de bonheur qui vous échappe quand vous croyez le saisir, vous mettriez-vous volontiers chaque jour en état de révolte contre la société, dûssiez-vous finir par disparaître dans le tourbillon des passions qui la dévorent, si cette providence éternelle, que vous ne reconnaissez plus, lors même qu'elle vous tend la main, ne se trouvait toujours entre l'abîme et vous.

Les esprits forts, les hautes intelligences de la presse dite patriote, jugeront sans doute que mon œuvre se ressent un peu du *radotage de la vieille*

France, que je suis un de ces esprits revêches qui ne veulent pas suivre le progrès des lumières de leur siècle, et l'on jugera bien. Car en effet, je ne vois de repos et de prospérité pour mon pays que dans la morale et la foi de nos pères, dans un gouvernement monarchique, dans la soumission aux lois et le respect dû aux autorités sociales : opinion *caduque*, qui assurément ne saurait échapper au rédicule en 1833.

Aussi, ceux qui s'exercent dans l'art *nouveau* de tout brouiller, pour moissonner dans le désordre, n'ont pas à craindre ma concurrence *gothique*. Soumis à mon sort, quel qu'il soit, on ne me verra jamais ni dans les soulèvemens, ni dans les complots, ni dans les orgies politiques, parce que j'ai appris à interroger ma conscience et ma raison, et qu'il me semble que l'une et l'autre me disent que la société ne doit pas être mise en combustion pour quelques ambitions désordonnées, pour quelques malheurs obscurs et inaperçus, pour quelques soupirs exhalés la nuit sur un chevet.

Et j'ajoute à ma profession de foi, dont je n'attends rien, et qui n'a d'autre mérite que sa simplicité, que si l'on ne peut aller à la *liberté* que sur des *ruines* et des *cadavres*, qu'en faisant du mot *patrie* un cri de guerre contre la *patrie*, qu'en vomissant l'*outrage*, l'*anathème* et la *diffamation* au nom de la *tolérance* et de l'*humanité*, je la repousse avec horreur ; vienne le premier tyran à la main de fer, il me trouvera soumis.

QUELQUES MOTS

SUR LE RÉGIME RÉPUBLICAIN,

SUIVIS

d'un Memento de 1793.

> Ce régime abominable (*la terreur*) n'a point,
> comme on l'a dit, préparé le peuple à la liberté, il
> l'a préparé à subir un joug quelconque.....
> BENJ.....-CONST... *Mélang. de litt. et de pol.*

Dans l'état actuel des mœurs et de la civilisation de l'Europe, le régime républicain ne pourrait tout au plus convenir qu'à un peuple isolé, pacifique, peu nombreux, qui, renfermé dans son intérieur, se suffisant à lui-même, et ne connaissant d'autres besoins que ceux d'une vie réglée, frugale et laborieuse, se croirait heureux dans cette étroite et modeste sphère, sans s'occuper de ce qu'il y aurait de mieux chez les autres peuples. Mais à une grande et puissante nation, telle que la nôtre, entourée d'autres nations ses rivales en puissance et en dignité, il faut, avec les richesses de son sol, avec son luxe, ses hautes relations politiques et commerciales, son industrie, ses sciences, ses arts, ses lumières, ses idées de gloire et de renommée, son caractère jaloux, altier et turbulent, une monarchie imposante et forte qui, par son harmonie avec tant de besoins et de prétentions, puisse faire rejaillir sur elle l'éclat et la majesté du trône, lui assurer à la fois le présent et l'avenir, la faire respecter de ses voisins, et la maintenir elle-même dans les bornes d'une sage liberté.

Et d'ailleurs, pour peu que l'on consulte l'histoire, il sera facile de se convaincre, non seulement que le gouvernement populaire est celui sous lequel les nations tant anciennes que modernes ont éprouvé les plus grands malheurs domestiques, mais encore que les changemens qui se sont opérés chez elles par la violence des passions, n'ont jamais eu pour but ni pour résultat le bonheur des peuples. Ceux qui fomentent ces mouvemens convulsifs, sont pour la plupart des hommes obscurs ou flétris dans l'opinion, qui cherchent à sortir de la fange ou à échapper au mépris dans les secousses de l'anarchie. Vils artisans de terreurs, de proscriptions, de massacres, c'est en épuisant toutes les ressources de la perversité, en mettant en action tous les vices, toutes les fureurs populaires, qu'ils parviennent à se placer au dessus des lois, à triompher de l'opposition des gens de bien. Aussi, les voit-on flatter la multitude pour en obtenir assistance et impunité, corrompre sa morale pour l'associer à leurs crimes, égarer sa raison pour mieux lui déguiser ses intérêts, et l'accabler enfin de tout le poids de leur ingratitude et de leur mépris, lorsque n'ayant plus besoin de son concours, ils l'ont réduite à la nécessité de subir le joug ignoble qu'elle s'est aveuglément imposé. Heureuse encore si, dans l'ivresse de leur prospérité, ses nouveaux tyrans ne lui font pas expier tous les crimes, tous les désastres commis dans les saturnales dont ils ont fait les frais!

Mais les peuples, une fois éclairés par l'expérience et les conseils du malheur, n'étant pas toujours disposés à se laisser duper, nous aimons à prévoir avec quelque apparence de raison que les charlatans politiques qui, depuis un demi-siècle, s'attachent à bouleverser le monde, auront enfin le sort de ces empiriques de carrefours qui, pour avoir débité des drogues pernicieuses, finissent ordinairement par être couverts de boue, s'ils ne sont lapidés par la populace.

Il y a longtems, par exemple, que d'habiles colporteurs de républiques débitent en Europe leurs séduisantes théories; nous avons été les premiers à nous y laisser prendre, nous, français, qui nous donnons avec aussi peu de réflexion que de modestie pour le peuple le plus éclairé du monde, et nous savons ce qu'il nous en a coûté. Malheureux! nous avions rêvé le bonheur et la liberté sur la foi de nos démagogues; nouvelle Astrée, la république devait nous ramener l'âge d'or; qu'avons-nous trouvé au réveil? une sorcière à bonnet rouge, ivre de notre propre sang et entourée de toutes les furies de l'enfer.

Jours à jamais maudits! jours exécrables! jours de honte et d'aveuglement! nous venions de briser le sceptre de nos rois, de repousser la plus vieille dynastie du monde, et quelques misérables, que nous avions tirés de l'obscurité, se disputent les lambeaux sanglans de la France, s'établissent sans obstacle nos souverains absolus, se partagent insolemment nos dépouilles, nous envoient à la mort

comme de vils troupeaux , et , j'ose à peine me repo-
ser sur cette pensée , telle est la lâche terreur qui
comprime le sentiment de notre dégradation en
même tems que celui de nos maux , que nous ap-
plaudissons à l'audace de nos tyrans , que nous
transformons leurs crimes en vertus , et qu'enfin ,
dans un accès de délire inoui , nous prodiguons
les titres touchans de père du peuple , de sauveurs
de la patrie à des bourreaux , dont les échafauds , à
peine dressés , se fussent écroulés sur eux , si notre
stupidité n'eût pas égalé leur barbarie.

Mais laissons à des écrivains qui ne peuvent être
soupçonnés de partialité le soin d'achever cet horrible tableau. Car , quoi qu'en disent certains hypo-
crites qui ne cessent de proclamer la nécessité
d'oublier le passé , lors même qu'ils en rappellent
sur nous toutes les fureurs , il est dans les lois de la
justice et de la raison que le souvenir des forfaits
dont les sycophantes de la terreur ont souillé notre
malheureuse patrie, soit noirci du sceau ineffaçable
de l'opprobre , et transmis à la postérité comme un
héritage d'épouvante et d'horreur , ne serait-ce que
pour épargner un seul crime à nos neveux.

Voici d'abord comment Lombard de Langres
nous peint dans ses Mémoires la situation de Paris,
pendant les saturnales de la république :

« Après les scènes sanglantes du 10 août , des 2
« et 3 septembre et autres qui les avaient précédées ,
« Paris , privé de ses habitans les plus riches , n'of-
« frit bientôt que l'aspect le plus lugubre.........

« Le jour baissait à peine, qu'on se renfermait
« dans sa maison, tremblant d'en être arraché pen-
« dant les ténèbres ; et le silence de cette nuit d'an-
« xiété n'était interrompu que par les crieurs pu-
« blics, hurlant les décrets de la Convention et la
« liste des guillotinés.

« La fraternité de Caïn est dans le cœur de tous
« les démagogues. Le niveau de l'égalité se promène
« sur toutes les têtes. L'enfance tutoie la vieillesse,
« le porte-faix la mère de famille. La jeunesse est
« arrachée à l'autorité paternelle, et une récom-
« pense de cinq cents livres est promise à la fille
« qui, sans recourir aux liens du mariage, donnera
« des enfans à la patrie ....

« Au luxe, à la propreté, à la décence dans les
« habits ont succédé le vêtement du galérien, les
« cheveux plats, le bonnet rouge et la carmagnole ;
« quelques-uns y ajoutaient les sabots....

« Il n'y avait plus de culte : quelques prêtres,
« bien rares, se glissaient dans l'ombre et déguisés
« pour porter les secours de la religion aux ago-
« nisans, et pour célébrer les saints mystères dans
« les caves au risque de leur vie. Plus de cloches
« pour annoncer la mort du chrétien ; plus de pa-
« rens, plus d'amis, plus de serviteurs pour l'ac-
« compagner à la fosse commune ; il n'y était porté
« que par des hommes de peine, et ses proches,
« au lieu de le pleurer, enviaient son sort.

« Plus d'académies, plus de colléges, pas même
« d'écoles..... Les monumens publics sont abattus

« ou mutilés.... On propose même d'incendier
« toutes les bibliothèques, et la motion est accueillie
« avec transport. Les amis des arts, les enfans des
« Muses sont dispersés, proscrits, incarcérés ou
« sous la hache du bourreau.

« — Epargnez-moi, je suis le fils de Buffon, dit
« un condamné. — Belle recommandation ! répond
« le juge.

« Avant que d'aller à la mort, le célèbre Lavoisier
« demande quelques jours pour achever une expé-
« rience importante.

« — La république, lui dit-on, n'a pas besoin de
« savans..........

« Condorcet s'empoisonne, Champfort attente à
« ses jours ; André Chénier, Dubuisson, Linguet,
« Durosoy sont envoyés à l'échafaud............

« Entre sa condamnation et sa mort, Roucher
« a le tems de se faire peindre à la Conciergerie,
« et au bas de son portrait, il écrit ces vers adressés
« à sa femme et à ses enfans :

« Ne vous étonnez pas, objets charmans et doux,
« Si quelque air de tristesse obscurcit mon visage ;
« Quand un savant crayon dessinait cette image,
« On dressait l'échafaud et je pensais à vous.

« Rousseau et Voltaire y auraient passé, l'un
« pour avoir dit que c'était payer trop cher une ré-
« volution que de l'acheter par une goutte de sang ;
« l'autre que le pire des gouvernemens était celui
« de la canaille.

« Mort pour qui ne révélait pas un complot, pour
« qui recevait une lettre de l'étranger, pour qui re-
« cueillait un proscrit. Mort pour le général qui
« battait l'ennemi ; mort pour celui qui était battu ;
« mort à qui détournait les yeux en voyant l'inno-
« cence aller à la mort.

« Le pauvre dénonçait le riche, les domestiques
« dénonçaient leurs maîtres, les enfans dénon-
« çaient leurs pères, mais on ne voyait pas de pères
« dénoncer leurs enfans...........

« Des femmes désignées sous le nom de furies de
« guillotine, étaient payées à quarante sous par
« jour pour assister aux séances des Clubs, de la
« Commune et de la Convention. Pour se faire
« mieux remarquer et mériter leur salaire, elles
« accompagnaient les victimes à l'échafaud , en
« vomissant contre elles des imprécations...... »

« Quant aux intrigues et aux inclinations de cœur,
« pouvait-il y en avoir ?....... C'était la fable des
« animaux malades de la peste.

« Ils ne mouraient pas tous, mais tous étaient frappés ;
 « On n'en voyait point d'occupés
« A chercher le soutien d'une mourante vie ;
 « Nul mets n'excitait leur envie ;
 « Ni loup ni renard n'épiaient
 « La douce et l'innocente proie ;
 « Les tourterelles se fuyaient :
 « Plus d'amour, partant plus de joie.

Le girondin Riouffe, prisonnier à la Concier-

gerie, rapporte ce qui suit dans ses Mémoires d'un
détenu :

« Les femmes les plus belles , les plus jeunes , les
« plus intéressantes , tombaient pêle-mêle dans ce
« gouffre dont elles ne sortaient que pour aller par
« douzaine inonder l'échafaud de leur sang. On eut
« dit que le gouvernement était dans les mains de ces
« hommes dépravés, qui, non contens d'insulter au
« sexe par des goûts monstrueux, lui vouent encore
« une haine implacable. De jeunes femmes enceintes,
« d'autres qui venaient d'accoucher et qui étaient
« encore dans cet état de faiblesse et de pâleur qui
« suit ce grand travail de la nature qui serait respecté
« par les peuples les plus sauvages ; d'autres dont le
« lait arrêté tout à coup, ou par la frayeur, ou parce
« qu'on avait arraché leurs enfans de leur sein ,
« étaient jour et nuit précipitées dans cet abîme.
« Elles arrivaient traînées de cachots en cachots,
« leurs faibles mains comprimées dans d'indignes
« fers : on en a vu qui avaient un collier au cou.
« Elles entraient les unes évanouies et portées dans
« les bras des guichetiers qui en riaient, d'autres
« en état de stupéfaction qui les rendaient comme
« imbéciles. Vers les derniers mois surtout (avant
« le 9 thermidor), c'était l'activité des enfers :
« jour et nuit les verroux s'agitaient ; soixante per-
« sonnes arrivaient le soir pour aller à l'échafaud ;
« le lendemain elles étaient remplacées par cent
« autres, que le même sort attendait le jour
« suivant. »

« Quatorze jeunes filles de Verdun , d'une can-

« deur sans exemple, et qui avaient l'air de jeunes
« vierges parées pour un jour de fête publique,
« furent menées ensemble à l'échafaud. Elles dispa-
« rurent tout à coup et furent moissonnées dans
« leur printems. La cour des femmes avait l'air,
« le lendemain de leur mort, d'un parterre dégarni
« de ses fleurs par un orage. Je n'ai jamais vu
« parmi nous de désespoir pareil à celui qu'excita
« cette barbarie. »

« Vingt femmes du Poitou, pauvres paysannes
« pour la plupart, furent également assassinées
« ensemble. Je les vois encore, ces malheureuses
« victimes, je les vois étendues dans la cour de la
« Conciergerie, accablées de la fatigue d'une longue
« route et dormant sur le pavé.... Au moment
« d'aller au supplice, on arrache du sein d'une de
« ces infortunées un enfant qu'elle nourrissait, et
« qui, au moment même s'abreuvait d'un lait dont
« le bourreau allait tarir la source : O cris de la dou-
« leur maternelle, que vous fûtes aigus ! mais sans
« effet.... Quelques femmes sont mortes dans la
« charrette et on a guillotiné leurs cadavres. N'ai-je
« pas vu, peu de jours avant le 9 thermidor, d'autres
« femmes traînées à la mort ? Elles étaient déclarées
« enceintes.....

« Des femmes ! (s'écrie M. de Châteaubriand
« dans sa belle préface des *Études historiques.*) »
« Mais savez-vous que dans aucun pays, dans
« aucun tems, chez aucune nation de la terre,
« dans aucune proscription politique les femmes
« n'ont été livrées au bourreau ?......

« La terreur a seule donné au monde le lâche et
« impitoyable spectacle de l'assassinat juridique des
« femmes et des enfans en masse. »

La désolation et la mort planaient également sur
les provinces comme sur la capitale. Écoutons le républicain Prudhomme, et nous aurons le complé-
ment de la férocité des Buziris qui nous gouver-
naient à cette horrible époque :

« La mission de Le Bon, dans les départemens
« frontières du Nord, peut être comparée à l'appa-
« rition de ces noires furies si redoutées dans les
« tems du paganisme............

« Dans les jours de fêtes, l'orchestre était placé
« à côté de l'échafaud ; Le Bon disait aux jeunes
« filles qui s'y trouvaient : *suivez la voix de la na-*
« *ture, livrez-vous, abandonnez-vous dans les bras*
« *de vos amans.* »

« Des enfans qu'il avait corrompus, lui formaient
« une garde et étaient les espions de leurs parens.
« Quelques-uns avaient de petites guillotines avec
« lesquelles ils s'amusaient à donner la mort à des
« oiseaux et à des souris. »

On sait que Le Bon, après avoir abusé d'une
femme qui s'était livrée à lui pour sauver son mari,
fit mourir cet homme sous les yeux de sa femme
à laquelle il ne resta que l'horreur de son sacrifice ;
genre d'atrocités si répétées d'ailleurs, que Prudhomme dit qu'on ne les saurait compter.

Carrier se distingua à Nantes :

« Environ quatre-vingts femmes, extraites de

« l'entrepôt, traduites à ce champ de carnage, y fu-
« rent fusillées; ensuite on les dépouilla, et leurs
« corps restèrent ainsi épars pendant trois jours. »

« Cinq cents enfans des deux sexes, dont les plus
« âgés avaient quatorze ans, sont conduits au
« même endroit pour y être fusillés. Jamais spec-
« tacle ne fut plus attendrissant et plus effroyable;
« la petitesse de leur taille en met plusieurs à l'abri
« des coups de feu; ils délient leurs liens, s'éparpil-
« lent jusque dans les bataillons de leurs bourreaux,
« cherchent un refuge entre leurs jambes, qu'ils
« embrassent fortement, en levant vers eux leur
« visage où se peignent à la fois l'innocence et l'ef-
« froi. Rien ne fait impression sur ces extermina-
« teurs, ils les égorgent à leurs pieds. »

Noyades à Nantes :

« Une quantité de femmes, la plupart enceintes,
« et d'autres pressant leur nourrisson sur leur sein,
« sont menées à bord des gabares...............

« Les innocentes caresses, le sourire de ces
« tendres victimes versent dans l'ame de ces mères
« éplorées un sentiment qui achève de déchirer
« leurs entrailles; elles répondent avec vivacité à
« leurs tendres caresses, en songeant que c'est
« pour la dernière fois!! Une d'elles venait d'ac-
« coucher sur la grève; les bourreaux lui donnent à
« peine le tems de terminer ce grand travail; ils
« avancent, toutes sont amoncelées dans la gabare,
« et après les avoir dépouillées à nu, on leur attache
« les mains derrière le dos. Les cris les plus aigus,

« les reproches les plus amers de ces malheureuses
« mères se font entendre de toutes parts contre les
« bourreaux ; *Fouquet*, *Robin* et *Lamberty* y ré-
« pondaient à coups de sabre, et la timide beauté,
« déjà assez occupée à cacher sa nudité aux monstres
« qui l'outragent, détourne en frémissant ses re-
« gards de sa compagne défigurée par le sang, et
« qui déjà chancelante vient rendre le dernier sou-
« pir à ses pieds. Mais le signal est donné ; les char-
« pentiers d'un coup de hache lèvent les sabords,
« et l'onde les ensevelit pour jamais. »

« Et voilà l'objet de vos hymnes !..... s'écrie
« encore l'auteur des *Martyrs* ; des milliers d'exécu-
« tions en moins de trois années, en vertu d'une
« loi qui privait les accusés de *témoins*, de *défenseurs*
« et d'*appel* !.........

« Pour entonner le chant de triomphe, il faudrait
« du moins attendre que les pères et les mères, les
« femmes et les enfans, les frères et les sœurs des
« victimes fussent morts, et ils couvrent encore la
« France. Femmes, bourgeois, négocians, ma-
« gistrats, paysans, soldats, généraux, immense
« majorité plébéienne sur laquelle est tombée la
« terreur, vous plait-il de fournir de nouveaux ali-
« mens à ce merveilleux spectacle ? »

Mais ne nous lassons pas de citer l'illustre écrivain, quand tout à la fois il nous instruit et nous
console !

« La preuve (dit-il) que ce tems mauvais
« n'avait rien de supérieur propre à être reproduit,

« c'est qu'il serait impossible de le faire renaître.
« Les émeutes, les massacres populaires sont de
« tous les siècles, de tous les pays ; mais une or-
« ganisation complète de meurtres appelés légaux,
« des tribunaux jugeant à mort dans toutes les villes,
« des assassins affiliés dépouillant leurs victimes et
« les conduisant presque sans gardes au supplice,
« c'est ce qu'on n'a vu qu'une fois, c'est ce qu'on
« ne reverra jamais. Aujourd'hui, les individus ré-
« sisteraient un à un ; chacun se défendrait dans sa
« maison, sur son champ, dans la prison, au sup-
« plice même........ (1) »

« N'apprenons point au peuple à choyer le crime ;
« ne nous donnons point pour une nation d'ogres
« qui lèche comme le lion avec délices ses mâchoires
« ensanglantées..........

« Ceux qui ont vu de près les terroristes, savent
« que la plupart d'entre eux n'étaient que des misé-
« rables dont la capacité ne s'élevait pas au dessus
« de l'esprit le plus vulgaire ; héros de la peur, ils
« tuaient dans la crainte d'être tués. Loin d'avoir
« ces desseins profonds qu'on leur suppose aujour-
« d'hui, ils marchaient sans savoir où ils allaient,
« jouets de leur ivresse et des événemens........

« Si même quelques-uns de ces stupides démons
« ont par hasard mêlé quelques qualités à leurs vices,
« ces dons stériles ressemblaient aux fruits qui se
« détachent de la branche, et pourrissent au pied
« de l'arbre. Un vrai terroriste n'est qu'un homme
« mutilé, privé comme l'eunuque de la faculté

(1) L'entendez-vous, frères et amis de 1833 ?

« d'aimer et de renaître : c'est de son impuissance
« dont on a voulu faire du génie.........

« Que dans la fièvre révolutionnaire, il se soit
« trouvé d'atroces sycophantes engraissés de sang,
« comme ces vermines immondes qui pullulent
« dans les voiries ; que des sorcières, plus sales que
« celles de Macbeth, aient dansé en rond autour du
« chaudron où l'on faisait bouillir les membres dé-
« chirés de la France, soit : Mais que l'on ren-
« contre aujourd'hui des hommes qui, dans une so-
« ciété paisible et bien ordonnée se constituent les
« mielleux apologistes de ces brutales orgies ; des
« hommes qui parfument et couronnent de fleurs
« le baquet où tombaient les têtes à couronnes et à
« bonnet rouge ; des hommes qui enseignent la lo-
« gique du meurtre , qui se font maîtres ès-arts de
« massacre, comme il y a des professeurs d'escrime,
« voilà ce qui ne se comprend pas..........

« Il s'est formé une petite secte de théoristes de
« terreur ? qui n'a d'autre but que la justification
« des excès révolutionnaires ; espèce d'architectes
« en ossemens et en têtes de morts, comme ceux
« qu'on trouve à Rome dans les catacombes. Tantôt
« les égorgemens sont des conceptions pleines de
« génie , tantôt des drames terribles dont la gran-
« deur couvre la sanglante turpitude. On trans-
« forme les événemens en personnages ; on ne
« vous dit pas admirez Marat, mais admirez ses
« œuvres : le meurtrier n'est pas beau, c'est le
« meurtre qui est divin...........................
« Il y a mille erreurs détestables dans ce système...

« Graces au ciel, il n'est pas vrai qu'un crime
« soit jamais utile, qu'une injustice soit jamais né-
« cessaire............... Les équarisseurs de chair
« humaine ne m'imposent point; en vain ils me
« diront que dans leurs fabriques de pourriture et
« de sang, ils tirent d'excellens ingrédiens des car-
« casses industriellement pilées : manufacturiers de
« cadavres, vous aurez beau broyer la mort, vous
« n'en ferez jamais sortir un germe de liberté, un
« grain de vertu, une étincelle de génie !
....

« On dit : une révolution est une bataille ; com-
« paraison défectueuse. Sur un champ de bataille, si
« l'on reçoit la mort on la donne ; les deux partis
« ont les armes à la main. L'exécuteur des hautes
« œuvres combat sans péril ; lui seul tient la corde
« ou le glaive, on lui amène l'ennemi garrotté. Je ne
« sache pas qu'on ait jamais appelé duel ce qui se
« passait entre Louis XVI, la jeune fille de Verdun,
« Bailly, André Chénier, le vieillard Malesherbes et
« le bourreau. Le voleur qui m'attend au coin d'un
« bois joue du moins sa vie contre la mienne ;
« mais le révolutionnaire qui, du sein de la débau-
« che, après s'être vendu tantôt à la cour, tantôt au
« parti républicain, envoyait à la place du supplice
« des tombereaux remplis de femmes, quels risques
« courait-il avec ces faibles adversaires ?
....

« Tout ce qu'on peut faire par la violence, on
« peut l'exécuter par la loi; le peuple qui a la
« force de proscrire, a la force de contraindre à

« l'obéissance sans proscription. S'il est jamais per-
« mis de transgresser la justice sous prétexte de bien
« public, voyez où cela vous conduit : vous êtes
« aujourd'hui le plus fort, vous tuez pour la liberté,
« l'égalité, la tolérance ; demain vous serez le plus
« faible et l'on vous tuera pour la servitude, pour
« l'inégalité, le fanatisme. Qu'aurez-vous à dire ?
« Marius répandait le sang au nom de la démocratie,
« Sylla au nom de l'aristocartie ; Antoine, Lépide et
« Auguste trouvèrent utile de décimer les têtes qui
« rêvaient encore la liberté romaine ».

. . . .

« Il n'a péri, dit-on, que six mille victimes par
« les tribunaux révolutionnaires. C'est peu ! Repre-
« nons les choses à leur origine.

« Le 1er. numéro du Bulletin des Lois contient le
« décret qui institue le tribunal révolutionnaire. . .
« Ce décret prononce que la seule peine portée
« par ce tribunal est la peine de mort. L'article 9
« autorise tout citoyen à saisir et à conduire devant
« les magistrats les conspirateurs et les contre-
« révolutionnaires, l'article 13 dispense de la preuve
« testimoniale, et l'article 16 prive de défenseur
« les conspirateurs. Ce tribunal était sans appel.

« Voilà d'abord la grande base sur laquelle il nous
« faut asseoir notre admiration : honneur à l'équité
« révolutionnaire ! Honneur à la justice de la ca-
« verne ! Maintenant, compulsons les actes émanés
« de cette justice. Le républicain Prudhomme, qui
« ne haïssait pas la révolution et qui a écrit lorsque
« le sang était tout chaud, nous a laissé six volumes

« de détails. Deux de ces six volumes sont consacrés
« à un dictionnaire où chaque *criminel* se trouve
« inscrit à sa lettre alphabétique, avec ses nom,
« prénom, âge, lieu de naissance, qualité, domi-
« cile, profession, date et motif de sa condamna-
« tion, jour et lieu de l'exécution. On y trouve
« parmi les guillotinés 18,613 victimes, ainsi
« réparties : .

Ci-devant nobles............................	1,278
Femmes *idem*..........................	730
Femmes de laboureurs et d'artisans.....	1,467
Religieuses................................	350
Prêtres...................................	1,135
Hommes non nobles de divers états....	13,653
Total........	18,613

Femmes mortes par suites de couches prématurées...........................	3,400
Femmes enceintes et en couches.......	348
Femmes tuées dans la Vendée.........	15,000
Enfans *idem*....................	22,000
Morts dans la Vendée...............	900,000

Victimes sous le proconsulat de Carrier, à Nantes.

	Enfans fusillés.................	500
	idem noyés..................	1,500
	Femmes fusillées...............	264
	idem noyées	500
Dont	Prêtres fusillés................	300
	idem noyés.................	460
	Nobles noyés..................	1,400
	Artisans *idem*................	5,300
Victimes à Lyon...................		31,000

« Dans ces nombres ne sont pas compris les
« massacres à Versailles, aux Carmes, à l'Abbaye,
« à la glacière d'Avignon, les fusillés de Toulon et
« de Marseille, après les siéges de ces deux villes, et
« les égorgés de la petite ville provençale de Bé-
« doin, dont la population périt tout entière......

« Vous remarquerez que ce ne sont pas seulement
« des *nobles*, des *prêtres*, des *religieux* qui figurent
« ici dans le registre mortuaire ; s'il ne s'agissait
« que de ces gens-là, la terreur serait véritablement
« la vertu : *Canaille ! Sotte espèce !* Mais voilà
« 18,923 hommes non nobles, de divers états, et
« 2,231 femmes de laboureurs ou d'artisans, 2,000
« enfans guillotinés, noyés et fusillés............

....

« Ce n'est point l'année 1793 et ses énormités
« qui ont produit la liberté ; ce tems d'anarchie n'a
« enfanté que le despotisme militaire ; ce despo-
« tisme durerait encore, si celui qui avait rendu la
« gloire sa complice avait su mettre quelque modé-
« ration dans ses jouissances de la victoire. Le ré-
« gime constitutionnel est sorti des entrailles de
« l'année 1789 ; nous sommes revenus, après de
« longs égaremens, au point du départ : mais com-
« bien de voyageurs sont restés sur la route ! »

Ainsi, n'en doutons pas, un peuple n'est véritablement libre qu'autant qu'il est heureux ; c'est un
axiome simple et naturel dont la vérité ne saurait être
ni combattue ni discutée, même par les passions
les plus obstinées. Or, si la liberté, je veux dire celle
après laquelle il est raisonnablement permis de sou-

pirer, procède de la félicité publique, pourquoi nous, à qui les conseils du malheur n'ont pas manqué, nous, si long-tems abusés dans nos espérances, si perfidement trahis dans notre bonne foi, ne chercherions-nous pas enfin à être heureux pour être libres ?

Mais gardons-nous de prendre pour la liberté cette Médée échevelée et sans entrailles que nous voyons parfois courir les rues, en évocant toutes les puissances de l'enfer. Sœur de la morale, la liberté est comme une vierge douce et timide que la moindre violence effarouche ; elle s'échappe de la terre pour remonter au ciel dès que nous ne sommes plus dignes de la posséder.

Et dans toute hypothèse, que peuvent avoir de commun la république et la liberté ? Ne saurions-nous être libres que sous le joug le plus ignoble ? Je ne sache pas que nous en soyons réduits à chercher le bonheur là où il n'y a que désespoir et dégradation à trouver. Car, ô ciel ! est-ce bien à nous qu'on ose parler de république, à nous qui avons déjà reculé devant cette Gorgone jusque dans les bras du despotisme devenu notre dernier refuge ? La république ! Mais pour exhumer la république, que l'on efface d'abord les sentimens de honte et d'effroi que ce mot seul réveille dans nos ames. La république ! Mais nous devons le savoir, nous le savons, cet état de choses n'est pas en harmonie avec nos têtes délirantes, nos mœurs corrompues, nos ambitions désordonnées ; il ne peut être chez nous qu'un coupe-gorge, qu'un champ de carnage, qu'un ré-

gime soumis au seul code des passions et de l'infâ-
mie. La république! Mais voyez donc ce qui se passe
autour de nous, voyez tout ce que nous promettent
de bonheur et de liberté, et ces associations ténébreuses qui ne sont autre chose que des clubs déguisés, et ces orgies où la débauche et la frénésie se
désignent déjà leurs victimes, et ces toasts odieux
portés à la Montagne, à Marat, à Robespierre, e t
ce poignard étincelant dans les mains d'Evariste
Gallois, et ces échauffourées sanglantes de Juin : et ce
guet-apens du Pont-Royal, et cette apparition su-
bite des adeptes de la magie noire, se pavanant dans
nos rues en bonnet rouge ; oh! qu'est-ce donc que
tout cela, si ce n'est des présages sinistres, des élémens de malheur et de conflagration?...

Néanmoins, qui que vous soyez, héritiers, vieux
amis, champions imberbes ou apologistes salariés
d'un régime à jamais exécré, qui disposez déjà dans
le fond de vos cœurs des destinées et des dépouilles
de la France, ne vous livrez pas avec trop de sécu-
rité aux joies anticipées d'un triomphe qui n'ajou-
tera pas à la honte de nos annales révolutionnaires.
Votre république, dites-vous, n'aurait rien qui se
ressentît des erremens et des excès de la première,
elle serait douce, bienveillante, généreuse et surtout
avare de sang : traîtres, vous empruntez pour nous
mentir l'impudence et l'hypocrisie de vos devanciers!
Comme eux, sans doute, vous commenceriez par
proclamer les droits de l'homme et du citoyen, mais
comme eux aussi, vous finiriez par nous égorger au
nom de l'humanité. Nous ne voulons pas vous croire

sur parole, et encore moins éprouver votre bonne foi ; car vous vous êtes trahis vous-mêmes dans vos monstrueuses libations (1), et nous nous tenons pour avertis :

> Vous pourrez arborer vos couleurs sanguinaires,
> Rêver vos proscriptions, vos fers, vos échafauds,
> Préparer vos poignards, rassembler vos sicaires,
> Entonner l'hymne des bourreaux ;

Mais nous qui ne plaçons pas nos espérances dans la perfidie ni dans le malheur de nos frères, mais bien dans la justice de notre cause, nous avons au ciel des légions de victimes immolées par vos prédécesseurs, dont le sang innocent s'élèvera contre vous au jour d'une injuste agression... Hommes déshérités de toute foi, vous rirez sans doute de la simplicité de la nôtre, mais répondez : Ne vous êtes-vous jamais surpris à réfléchir, dans le silence inquiet des passions, sur les catastrophes du crime, sur les rapides et inévitables effets de cette puissance invisible qui, après avoir foudroyé l'échafaudage sanglant de vos maîtres, ne retient peut-être le souffle qui doit anéantir vos projets, que pour mieux vous humilier dans le moment même où vous croirez pouvoir consommer l'œuvre et recueillir le fruit de l'iniquité ? Vous rirez ! Mais n'avez-vous pas déjà vu vos trames parricides, vos théories sacriléges, vos gloires et vos triomphes de mort frappés d'une soudaine malédiction, et vos vaines lumières s'éteindre comme par enchantement et vous

(1) Allusion aux toats portés aux bourreaux de 1793 dans le fameux banquet républicain du 9 mai 1831, où des toats à la révolution de 1789 et de 1830 furent repoussés comme des jeux d'enfans.

laisser tout à coup dans l'obscurité du mépris ? Vous rirez ! Mais croyez-vous que notre courage nous permette d'accepter sans résistance vos fers, vos proscriptions ou l'ignominie de votre joug ? Vous rirez ! Mais vous qui par un affreux divorce, vous êtes fait au milieu de nous une autre patrie, un autre culte, un autre langage, d'autres mœurs, d'autres intérêts, avez-vous mesuré le gouffre que vous croyez n'avoir creusé que pour nous ?... Insensés ! il est assez profond pour dévorer les vainqueurs et les vaincus !

FIN.